M. TARGET est mort. Membre du premier Corps de la magistrature et d'une Société savante, il en est justement regretté. Ces deux Compagnies, tous les gens de bien vont jeter des fleurs sur sa tombe. Cependant l'esprit de parti, qui ne se lasse jamais, qui se permet tout, même la calomnie, semble vouloir les faner. Il s'empare de l'époque la plus marquante de la Révolution, et la désigne comme le moment où M. Target, renonçant à son caractère connu, a flétri quarante années d'une vie dont il lui était permis de s'enorgueillir. On pressent que je veux parler du procès du Roi. Accusé par une Assemblée qui vouloit sa perte, comme nécessaire à l'établissement de la République, ce malheureux Prince appelle M. Target à sa défense. Si ce célèbre Jurisconsulte accepte une mission que l'on pouvoit regarder comme dangereuse autant qu'elle étoit honorable, il acquiert de nouveaux droits à l'estime publique. Il ne l'ignore pas. Mais parmi les faits qui paroissent criminels à la Convention, il en aperçoit qu'il croit être vrais. Le défendre sur ces faits vrais à ses yeux, c'est une chose incompatible avec sa conscience; ne le défendre que sur les autres, ou sous le rapport de la Constitution, qui ne permet pas de le mettre en jugement, c'est, devant une assemblée qui veut le juger, une défense incomplette, plus nuisible qu'utile. A cette raison qui seule l'eût décidé, se joint la crainte qu'un état habituel de souffrance ne lui laisse pas les moyens de plaider dans une affaire aussi solennelle, aussi imposante. Il ne voit que l'intérêt de cet auguste accusé, il refuse l'honneur de le défendre.

Mais il peut faire paisiblement dans son cabinet quelques réflexions sur ce procès qu'il improuve, comme injuste autant qu'impolitique. Ce qu'il peut, il le doit, il le fait. Il publie des observations, ou plutôt une défense très-énergique, reposant toute entière, ou sur le contrat fait entre le Roi et la Nation (la Constitution de 1791), ou sur les idées d'une sublime Philosophie.

Qu'on se dépouille de toute prévention et qu'on juge. Il y a là un grand effort de courage. M. Target se refuse à ce qui peut le plus flatter son amour-propre. Il le sacrifie à l'intérêt du Roi. Il fait son devoir ; et cet acte d'une vertu rare, on ose l'appeler une lâcheté.

Il semble que ses ennemis, ne pouvant pas se dissimuler que cette Défense imprimée, publiée, criée dans les rues, sur les ponts, quelques jours après son refus de plaider à la Convention, repoussoit victorieusement cette imputation odieuse de lâcheté, se sont efforcés de la retirer de la circulation ; à peine la connoit-on.

Tant que M. Target a vécu, j'ai dû imiter le silence qu'il a gardé sur cette circonstance importante de sa vie ; mais aujourd'hui, je crois devoir à la mémoire d'un ami, dont l'estime m'honoroit, de fixer les regards du public impartial sur ce monument irrécusable d'un courage, d'une vertu qui commandent le respect.

G. HOM.

Paris, *le 27 Novembre 1806*.

OBSERVATIONS

DE TARGET

SUR LE PROCÈS DE LOUIS XVI.

JE n'ai pas pu me charger de la défense de Louis XVI, et plaider pour lui à la Convention nationale; plus l'affaire est grande, solemnelle, imposante, plus il m'étoit impossible d'y répondre par mes efforts, et plus j'aurois eu tort de m'y engager. Ceux qui me connoissent savent que je n'ai jamais menti. Ceux qui sont liés particulièrement avec moi sont instruits de l'époque et des progrès de cet état de souffrance habituelle, produit par quarante ans de travaux, et qui, à présent, me rend incapable de tout effort soutenu. Ils savent aussi que la puissance et la force n'ont jamais arrêté mon zèle, tant que j'ai pu disposer de toutes mes facultés.

Mais je puis faire paisiblement chez moi quelques réflexions sur le procès dont la confiance de Louis XVI me proposoit la défense, et tout ce que je peux, je le dois.

On s'étonne qu'ayant fait la constitution, je sois républicain ; je n'ai pas fait la constitution, quoiqu'on en ait dit dans un pamphlet assez gai, où l'on ne se piquoit pas beaucoup de vérité. J'ai travaillé à la constitution avec des collègues qui valoient mieux que moi, et nous l'avons préparée ensemble; quant à la révision, il nous a été adjoint un nombre égal de collaborateurs, et pour le dire en passant, je n'y vois pas un article ajouté en faveur de l'autorité royale, beaucoup pour la borner, notamment ceux de la déchéance. Tous les autres étoient décrétés aux mois de septembre et d'octobre 1789, dans la première jeunesse de l'assemblée.

Je suis républicain, parce que telle est la volonté générale, parce que la Convention nationale l'a décrété, parce que je l'ai juré, et certes tous les défenseurs de Louis XVI sont des républicains je n'en doute pas.

Il ne s'agit donc pas ici de système de gouvernement, mais de la justice à rendre à un homme ; cet homme étoit roi, il ne l'est plus, on l'accuse.

J'avois toujours pensé que la liberté durable du peuple dans le gouvernement monarchique, tenoit beaucoup à l'inviolabilité du chef; il

(3)

falloit, j'en étois persuadé, que, pour que tous les citoyens fussent égaux et libres sous la loi, il y eût un bras de fer qui montrât la loi, et des agens responsables qui la fissent exécuter. Je n'insiste plus sur cette idée philosophique, depuis que la Convention nationale a décrété que Louis seroit jugé par elle-même.

Mais, à la place d'un jugement, il ne faut pas un acte de politique ; quelques-uns osent dire qu'il est important que Louis disparoisse ; je ne le crois pas, moi ; je crois tout le contraire. Louis est celui sur qui la royauté s'est évanouie comme un songe. Il n'y aura plus de rois en France, cela me paroît démontré ; mais si, par impossible, cette idée pouvoit renaître un jour, il seroit important que Louis fût là, et que par son existence il épouvantât les ambitieux de sa race, et tous les autres.

Mais sortons de la politique, car il s'agit de jugement.

On oppose des faits à Louis ; j'ai dit et je répéterai que je n'ai pas d'avis sur les faits, et que c'est l'affaire de ceux qui sont aujourd'hui ses défenseurs de les discuter ; mais voici ce que je dis : on ne peut pas l'accuser de faits antérieurs au 14 septembre 1791, jour de l'acceptation de la constitution, car, dès que vous lui ôtez l'inviolabilité de roi, vous lui devez l'amnistie de citoyen. Je ne sais aucune réponse à cela.

Quant aux faits postérieurs, les défenseurs y répondront par le rapprochement des circonstances et des pièces; mais il me suffira de dire deux choses; l'une, que vous voulez ou punir sans fruit le prétendu crime de Louis, ou préserver la société de crimes semblables. Je né connois pas la justice qui venge, mais bien la justice qui prévient les crimes. La vengeance n'est rien, qu'un jour d'agitation sans effet; le châtiment qui prévient les crimes est au contraire le salut de la chose publique. Considérez Louis élevé comme tous les rois, environné d'adulateurs pendant 38 années; supposez que, même depuis la constitution acceptée, entouré de gens qu'on appelloit ses serviteurs, et qui ne savoient ce que c'est que d'être citoyen; supposez, dis-je, que Louis se fût laissé aller à de vaines espérances qui lui présentoient le rêve de son ancienne autorité; condamnez ses abominables conseillers, mais ménagez celui qui fut leur dupe, car je vous ai prouvé ci dessus que l'intérêt public est de le conserver, et heureusement il est juste en même tems d'épargner la dupe et de punir les fripons. Des fripons, il y en aura toujours , châtiez-les ; des rois , il n'y en aura plus , cela seul décide ce que la Convention doit faire. Le dernier des crimes possibles ne sera jamais puni par une loi raisonnable.

J'ajouterai encore : Dès que la Convention nationale veut faire fonction de juge , ce que je n'examine pas ; qu'elle soit juge ; mais on ne peut pas être en même-tems juge d'un individu et administrateur souverain. Le mélange de ces deux qualités conduit le juge à prendre et à exercer toute la puissance d'un administrateur indépendant , et rien n'est pire que cette réunion des pouvoirs. Si la Convention n'est pas juge , elle ne peut pas juger ; si elle l'est, il y a une règle , non pas seulement positive et arbitraire, mais naturelle, mais éternelle , qui défend au juge de prononcer sur une affaire dans laquelle, avant le jugement, il a déclaré son avis. Je prie la Convention nationale d'examiner, dans une profonde impartialité, s'il n'y a pas quelques-uns de ses membres qui se trouvent dans ce cas-là.

J'insiste sur la nécessité d'écarter les fonctions d'administrateur ; j'y insiste d'autant plus, que, selon moi, il n'y a pas d'administrateur intelligent qui ne reconnût très-utile la conservation du seul personnage, qui ayant la prétention d'être roi, ne pourra jamais y revenir.

Je ne dirai rien de l'opinion d'un membre qui vouloit qu'on le condamnât, parce qu'il étoit roi. Sans doute, la république étant consacrée par la volonté générale, c'est à nos yeux une erreur des peuples de vouloir un roi ; mais je ne concevrai jamais qu'on ait le droit de punir les rois des erreurs du peuple.

Ajoutons que c'est un sophisme de dire que le mouvement du 10 août, consacré par la volonté générale, et devenu depuis une insurrection de la France entière, décide la question contre Louis XVI. L'insurrection a décidé, quoi ! l'abolition de la royauté ! mais un peuple peut vouloir qu'il n'y ait plus de roi, sans qu'on puisse en conclure que le roi qui étoit alors fût coupable ; voilà ce que l'insurrection n'a nulle-ment décidé.

Tel est, indépendamment de la discussion des faits, le plan qui me paroît le plus convenable. Je ne me sens point en état de le remplir des développemens qu'il exige, et d'y porter la chaleur et la vie ; ce fut un devoir à moi de le décla-rer, et de m'abstenir.

P. S. J'entends dire qu'il y a dans ma lettre du 12, des expressions outrageantes pour le malheur, cela seroit infâme, mais cela est faux. Cette lettre a été falsifiée dans plusieurs papiers; j'ai déja averti le public, et je répète que la copie fidelle se trouve dans le journal des Débats du 14.

TARGET.

Se trouvent rue Percée, N°. 8.